AF188473

Impressum
Verlag: BABADADA GmbH, Nedderfeld 112 , 22529 Hamburg
Geschäftsführer / Verlagsleitung: Harald Hof
Druck: Books on Demand GmbH, In de Tarpen 42, 22848 Norderstedt

Imprint
Publisher: BABADADA GmbH, Nedderfeld 112 , 22529 Hamburg, Germany
Managing Director / Publishing direction: Harald Hof
Print: Books on Demand GmbH, In de Tarpen 42, 22848 Norderstedt

school

xikolo

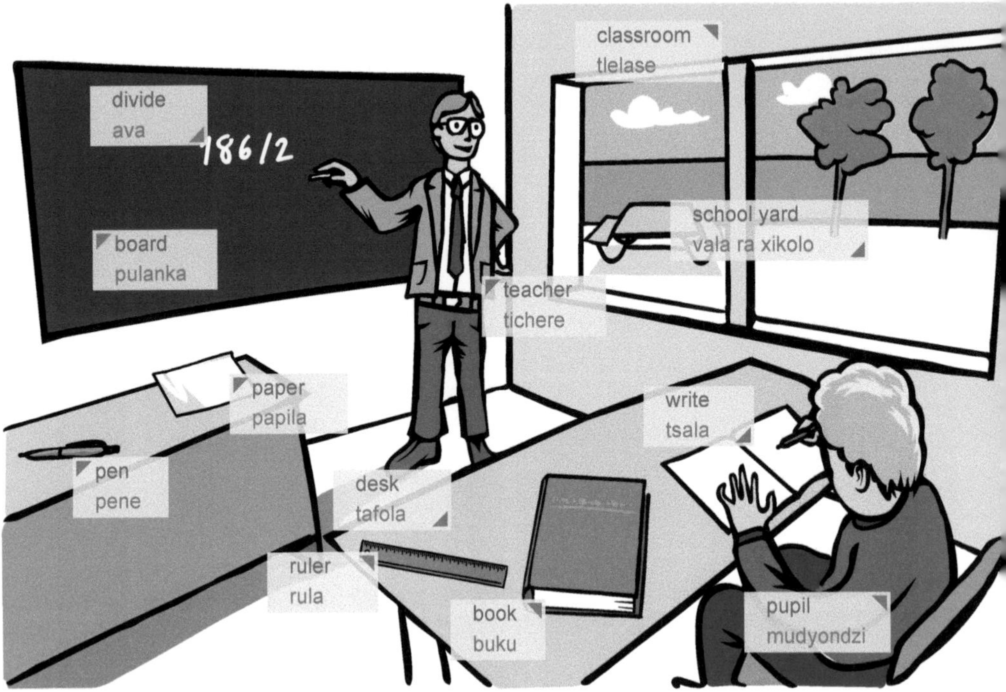
classroom
tlelase
divide
ava
186/2
board
pulanka
school yard
vala ra xikolo
teacher
tichere
paper
papila
write
tsala
pen
pene
desk
tafola
ruler
rula
book
buku
pupil
mudyondzi

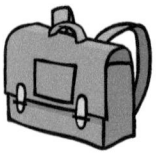

satchel

xinkwamana

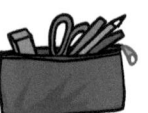

pencil case

bokisi ra tipensele

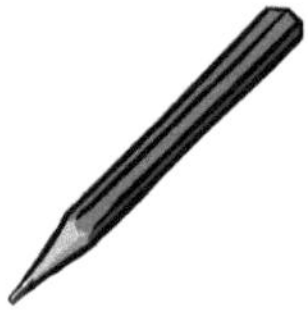

pencil

pensele

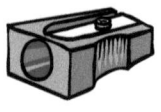

pencil sharpener

muchini wo vatla tipensele

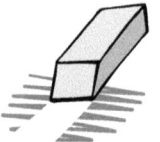

rubber

rhaba

drawing pad

papilo ro dirowa

drawing

xifaniso lexi diroweke

paintbrush

burachi ro penda

paint box

bokisi ro penda

scissors

xikero

glue

xidamarheti

exercise book

buku ya xikolo

homework

ntirho wa le kaya

number

nombhoro

add

engeta

subtract

susa

multiply

andzisa

calculate

hlaya

letter

letere

alphabet

maletere

word

rito

text
....
rungula

read
....
hlaya

chalk
....
choko

lesson
....
dyondzo

register
....
tsarisa

exam
....
xikambelo

certificate
....
xitifiketi

school uniform
....
swiambalo swa xikolo

education
....
dyondzo

encyclopedia
....
nsonga-vutivi

university
....
univhesiti

microscope
....
makhiriskopu

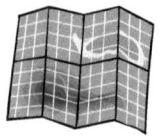

map
....
mepe

waste-paper basket
....
xikotela xo lahla maphepha

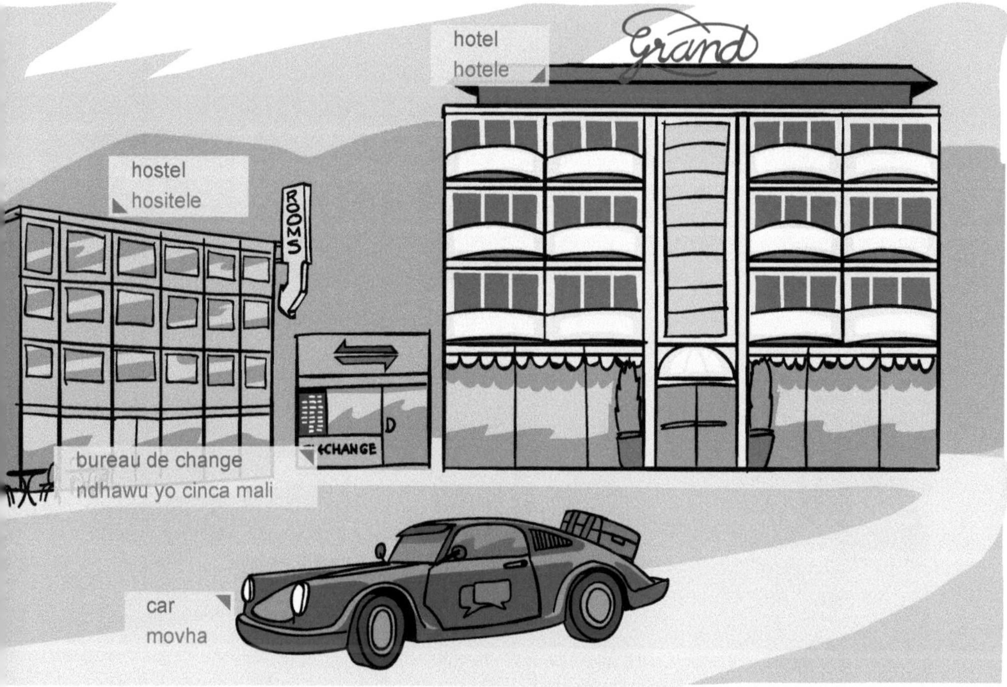

hotel
hotele
Grand
hostel
hositele
ROOMS
EXCHANGE
bureau de change
ndhawu yo cinca mali
car
movha

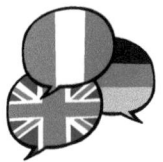

language
ririmi

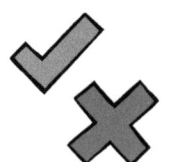

yes / no
ina / e-e

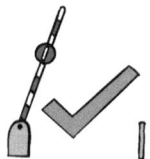

Okay
Swikahle

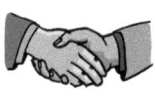

hello
ahe

translator
muhundzuluxeri

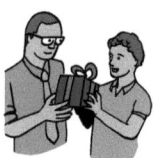

Thank you
Ndza khensa

how much is...?

ivungani...?

I do not understand

Andzi twisisi

problem

nkinga

Good evening!

Riperile!

Good morning!

Maxelo ya kahle!

Good night!

Vusiku bya kahle!

bye bye

sala kahle

direction

nkongomiso

luggage

mindzhwalo

bag

nkwama

backpack

nkwama

guest

muendzi

room

kamara

sleeping bag

nkwama wo etlela

tent

tende

tourist information

vuxokoxoko bya vaendzi

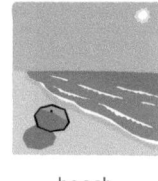

beach

ribuwa

credit card

khadi ra xikweleti

breakfast

xifihlulo

lunch

swakudya swa ninhlekani

dinner

swakudya swa nimadyambu

ticket

thikithi

lift

kheshe

stamp

xitempe

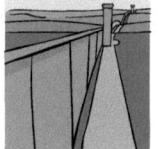

border

ndzilakana

customs

mikhuva

embassy

hovisi ya vuyimeri ya tiko

visa

visa

passport

pasi ro endza

transport

swilo swo famba

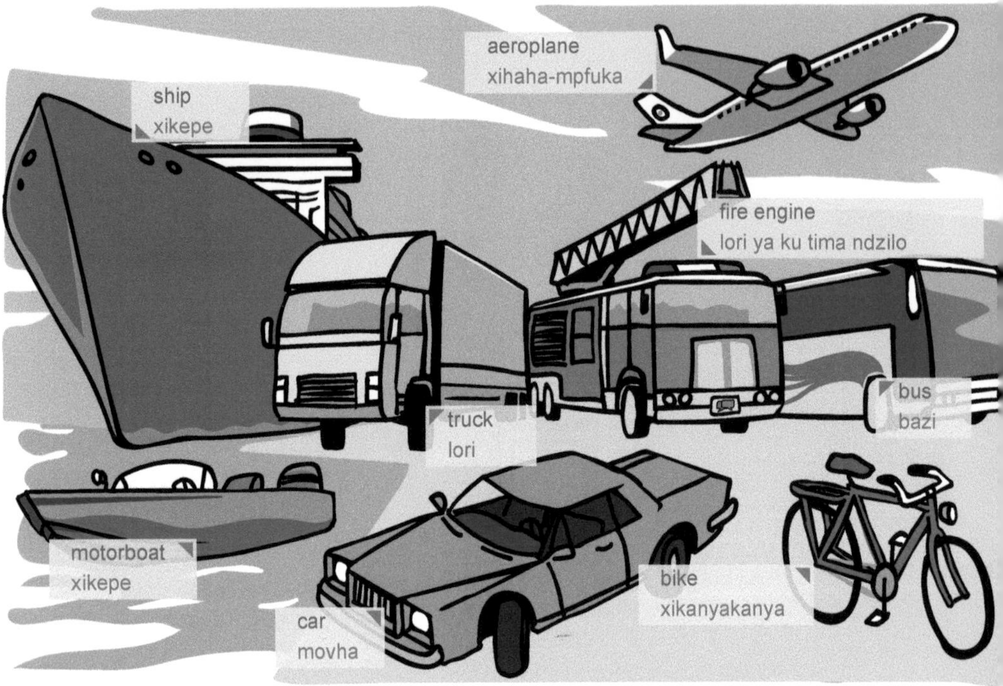

aeroplane
xihaha-mpfuka
ship
xikepe
fire engine
lori ya ku tima ndzilo
truck
lori
bus
bazi
motorboat
xikepe
bike
xikanyakanya
car
movha

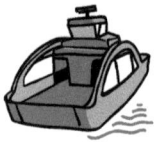

ferry

xikepe

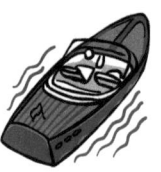

boat

xikepe

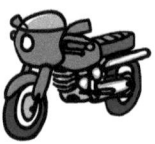

motorbike

xithuthuthu

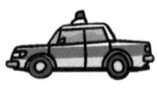

police car

movha wa maphorisa

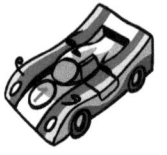

racing car

movha wa mphikizano

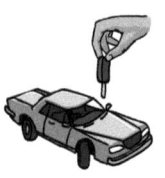

rental car

movha yo lombiwa

car sharing

ku avelana hi movha

breakdown truck

lori yo koka timovha

refuse truck

lori yo rhwala chaka

motor

njhini

fuel

mafurha

petrol station

ndhawu yo xavisa petirolo

traffic sign

mpfungo wa le patwini

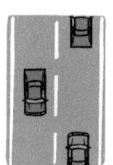

traffic

mafambelo ya mimovha

traffic jam

ntlimbano wa timovha

car park

phaki ya timovha

train station

xitichi xa xitimela

tracks

mintila

train

xitimela

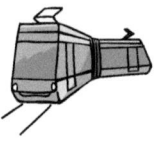

tram

banzi leri fambaka
exiporweni

carriage

kalichi

helicopter

xihaha-mpfuka-phatsa

airport

rivala ra siwhaha-mpfuka

tower

xihondzo

passenger

mukhandziyi

container

bokisi

carton

bokisi

cart

kalichi

basket

xirhundzi

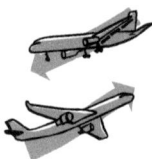

take off / land

suka / tshama

city

doroba

village

muti

city centre

nkava wa doroba

house

yindlu

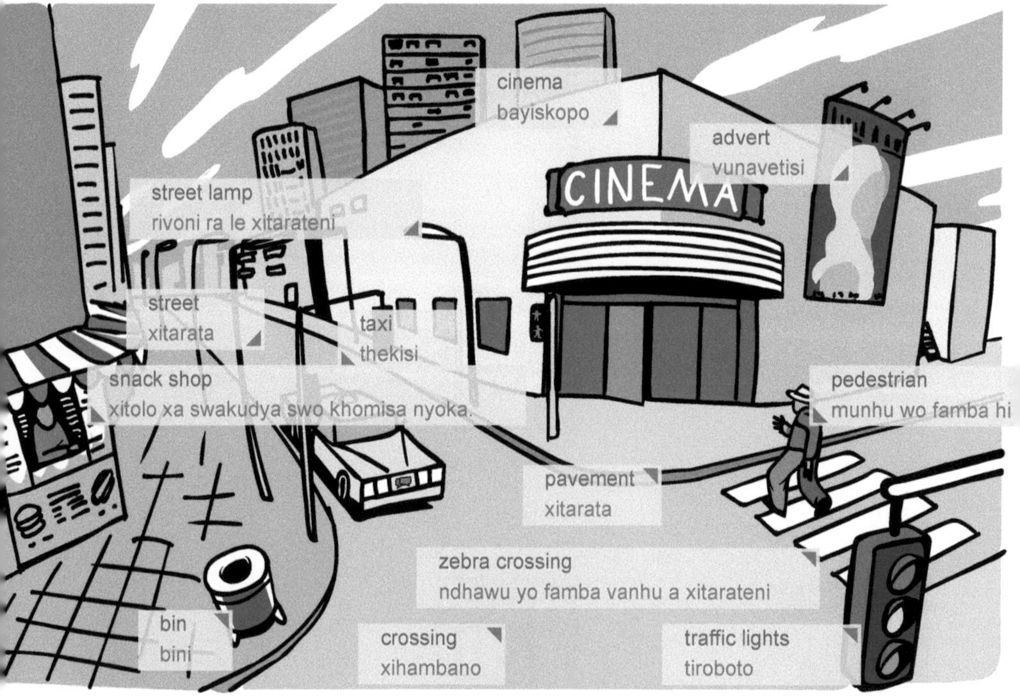

cinema
bayiskopo

advert
vunavetisi

street lamp
rivoni ra le xitarateni

street
xitarata

taxi
thekisi

snack shop
xitolo xa swakudya swo khomisa nyoka.

pedestrian
munhu wo famba hi

CINEMA

pavement
xitarata

zebra crossing
ndhawu yo famba vanhu a xitarateni

bin
bini

crossing
xihambano

traffic lights
tiroboto

hut

xiyindlwana xa byanyi

flat

yindlu

train station

xitichi xa xitimela

town hall

holo ya vanhu

museum

muziyamu

school

xikolo

university

univhesiti

bank

bangi

hospital

xibedlhele

hotel

hotele

pharmacy

xitolo xa miri

office

hofisi

book shop

xitolo xa tibuku

shop

xitolo

florist's

xitolo xa swiluva

supermarket

xitolo le xikulu swinene

market

makete

department store

xitolo le xikulu

fishmonger's

xitolo xa tinhlampfi.

shopping centre

ndhawu ya switolo

harbour

hlaluko

park

phaka

bench

bence

bridge

buloho

stairs

switepisi

underground

ehansi ka misava

tunnel

muhocho

bus stop

xitichi xa tibanzi

bar

barha

restaurant

rhesiturente

postbox

bokisi ra poso

street sign

mfungho wa xitarata

parking meter

muchini wa mali ya ku phaka

zoo

ntanga wa swiharhi

swimming pool

damu ro xambela

mosque

mosque

farm

purasi

pollution

nthyakiso

graveyard

masirha

church

kereke

playground

rivala ra mintlangu

temple

tempele

landscape

ndhawu

signpost
mfungho wa gondzo

way
ndlela

meadow
byanyi byo tala

stone
ribye

tree
murhi

hiker
munhu wo khandziya tintshava

river
nambu

grass
byanyi

flower
xiluva

valley

nkova

hill

xitsunga

lake

tiva

forest

khwati

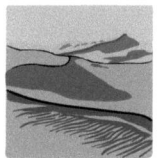

desert

mananga

volcano

volkheno

castle

ntsinda

rainbow

nkwangulatilo

mushroom

swikowa

palm tree

murhi wa nchindzu

mosquito

nsuna

fly

haha

ant

vusokoti

bee

nyoxi

spider

puma

beetle

xifufunhunu

frog

chele

squirrel

maxindyana

hedgehog

nhloni

hare

mfundla

owl

xikhova

bird

xinyenyane

swan

sekwa

boar

ngluve ya nhova

deer

mhunti

moose

mhofu

dam

damu

wind turbine

xipelupelu xa moya

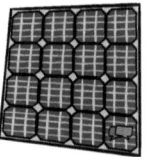

solar panel

bodo leyi tswongaka kuhisa
ka dyambu

climate

maxelo

restaurant

rhesiturente

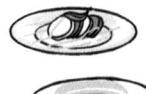

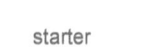

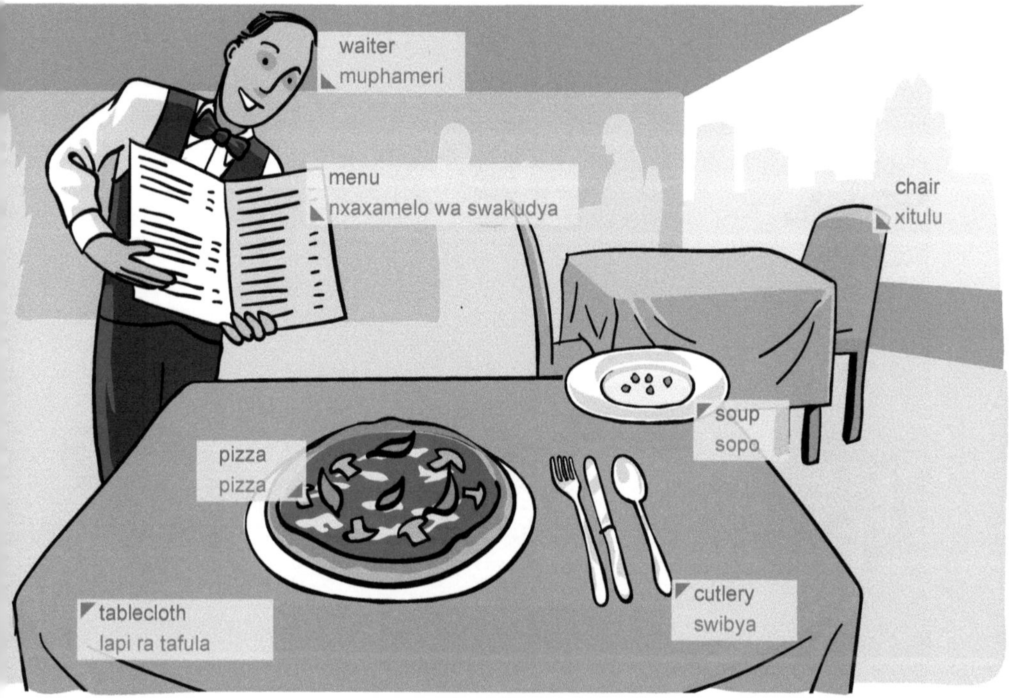

waiter
muphameri
menu
nxaxamelo wa swakudya
chair
xitulu
soup
sopo
pizza
pizza
cutlery
swibya
tablecloth
lapi ra tafula

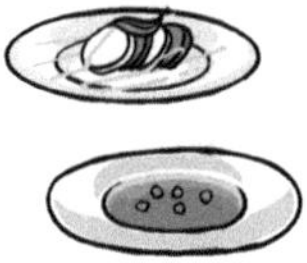

starter

wakudya swa ku naveta

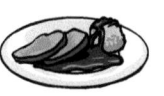

main course

swakudya

dessert

swo rhelerisa

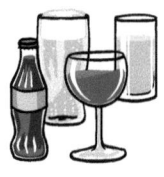

drinks

swakunwa

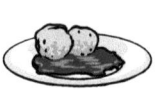

food

swakudya

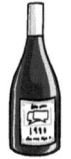

bottle

bodlhela

fast food

swakudya swa xihatla

street food

swakudya swa le ndleleni

teapot

mbita ya tiya

sugar bowl

xibye xa chukela

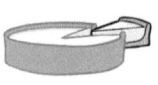

portion

xiphemu

espresso machine

muchini wa espresso

high chair

xitulu xa le henhla

bill

swikweleti

tray

thireyi

knife

mukwana

fork

foroko

spoon

lepula

teaspoon

xilepulana

serviette

phepha ro sula nomu

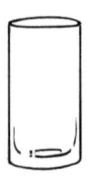

glass

nghilazi

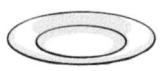

plate	soup plate	saucer
pleti	pleti ya sopo	sosara

sauce	salt pot	pepper mill
murhu	xilo xo chele munyu	xilo xo gaya

vinegar	oil	spices
vhiniga	mafurha	swinyunyeteri

ketchup	mustard	mayonnaise
ketchup	mustard	mayonasi

supermarket

xitolo le xikulu swinene

special offer
nyiko yo hlawuleka
FOR
customer
muxavi
dairy
ntsamba
fruit
mihandzu
trolley
xikocikara

BUTCHERS

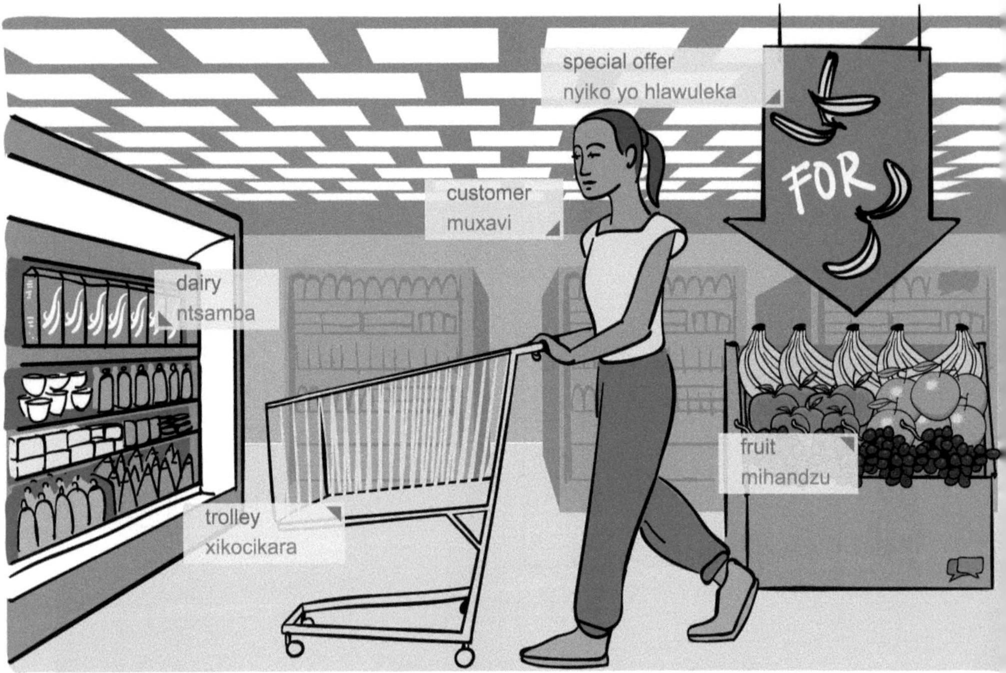

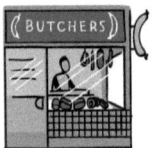

butcher´s

buchara

BAKERY

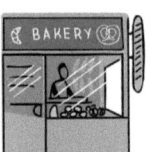

baker´s

bekari

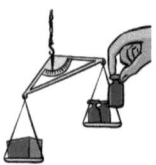

weigh

ringanyeta

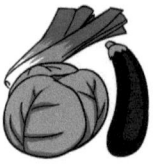

vegetables

swimila

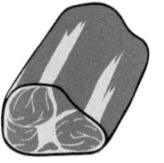

meat

nyama

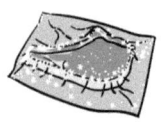

frozen food

swakudya swo titimela

cold meat

nyama

tinned food

swakudya leswi nga thinini

washing powder

mapa yo hlanswa

sweets

malekere

household products

switirhisiwa swa le ndlwini

cleaning products

swilo swo basisa

salesperson

munhu wo xavisa

till

thili

cashier

muamukeli wa timali

shopping list

xaxamelo wa swo xaviwa

opening hours

nkarhi wa ku tirha

wallet

nkwama wa mali

credit card

khadi ra xikweleti

bag

nkwama

plastic bag

nkwama wa pulasitiki

water

mati

juice

ntsutsu

milk

meleke

coke

coke

wine

vhinyo

beer

byalwa

alcohol

byala

cocoa

cocoa

tea

tiya

coffee

kofi

espresso

espresso

cappuccino

cappuccino

banana

banana

apple

apula

orange

lamula

melon

kalabatla

lemon

swiri

carrot

kherotsi

garlic

swinyalana

bamboo

musengele

onion

nyala

mushroom

swikowa

nuts

timanga

noodles

makaroni ya nyama

spaghetti
spaghetti

rice
rhayisi

salad
saladi

chips
machipisi

fried potatoes
nhlata wo katingiwa

pizza
pizza

hamburger
hamburger

sandwich
xinkwa

cutlet
cutlet

ham
ham

salami
salami

sausage
soseji

chicken
huku

roast
katinga

fish
hlampfi

porridge oats
oats

muesli
muesli

cornflakes
rivele-ndzoho

flour
filawa

croissant
bantsi

bread roll
xinkwa

bread
xinkwa

toast
xinkwa xo oxiwa

biscuits
makokisi

butter
botere

curd
ribomba ra tswamba

cake
khekhe

egg
tandza

fried egg
matandza lama katingiweke

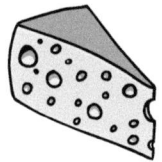

cheese
chizi

ice cream

ayisi khrimi

sugar

chukela

honey

vulombe

jam

jamu

chocolate spread

botere ya chokoleti

curry

curry

goat

mhunti

cow

homu

calf

rhole

pig

nguluve

piglet

xingulubyana

bull

nkuzi

goose

sekwa

duck

sweka

chick

xikukwana

hen

mbhaha

cock

nkuku

rat

kondlo

cat

ximanga

mouse

kondlo

ox

homu

dog

mbyana

doghouse

yindlu ya mbyana

garden hose

payipi ya mati

watering can

xilo xo chelela mati

scythe

nsimbi yo tsema

plough

xikomu

sickle

sikele

hoe

xikomu

pitchfork

foroko le yikulu

axe

xihloka

wheelbarrow

bara

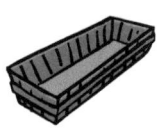

trough

xitsengele

milk can

xilo xo chela ntswamba

sack

saka

fence

rirhangu

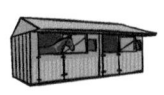

stable

xivala

greenhouse

yindlu ya vuhlayiselo bya
swimilana

soil

misava

seed

mbewu

fertilizer

swinonisi

combine harvester

muchini wa ku tshovela

harvest

tshovela

harvest

ntshovelo

yams

mintsumbula

wheat

koroni

soy

tinyawa

potato

nhlata

corn

koroni

rapeseed

rapeseed

fruit tree

nsinya wa mihandzu

cassava

ntsumbula

cereals

swakudya swa tidzoho

house

yindlu

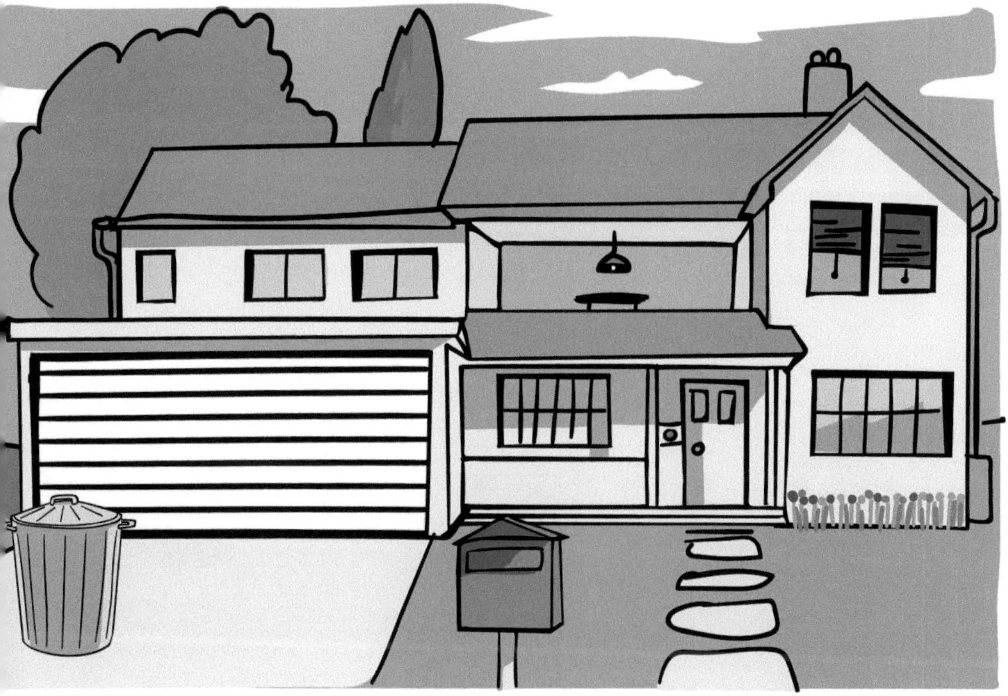

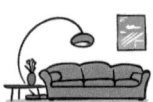

living room

kamara ro tshama

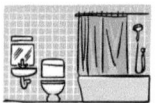

bathroom

kamara yo hlambela

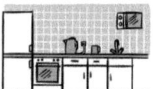

kitchen

khishini

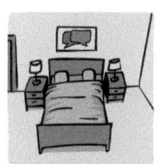

bedroom

kamera ro etlela

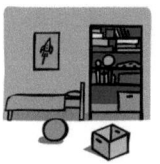

child's room

kamana ya vana

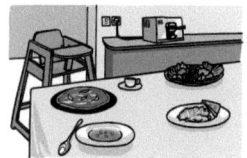

dining room

ndhawu yo dyela

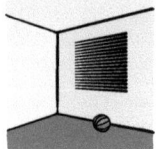

floor

ehansi

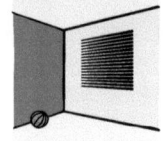

wall

khumbi

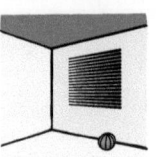

ceiling

silingi

cellar

kamera ra le hansi

sauna

phungula

balcony

rikupakupa

terrace

tshala

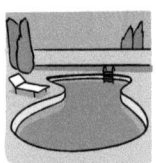

pool

damu

lawn mower

muchini wo tsema byanyi

sheet

nkumba

bedspread

swo andlalela mubedo

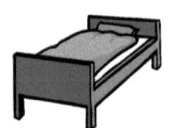

bed

mubedo

broom

nkukulu

bucket

bakiti

switch

swichi

house - yindlu

living room
kamara ro tshama

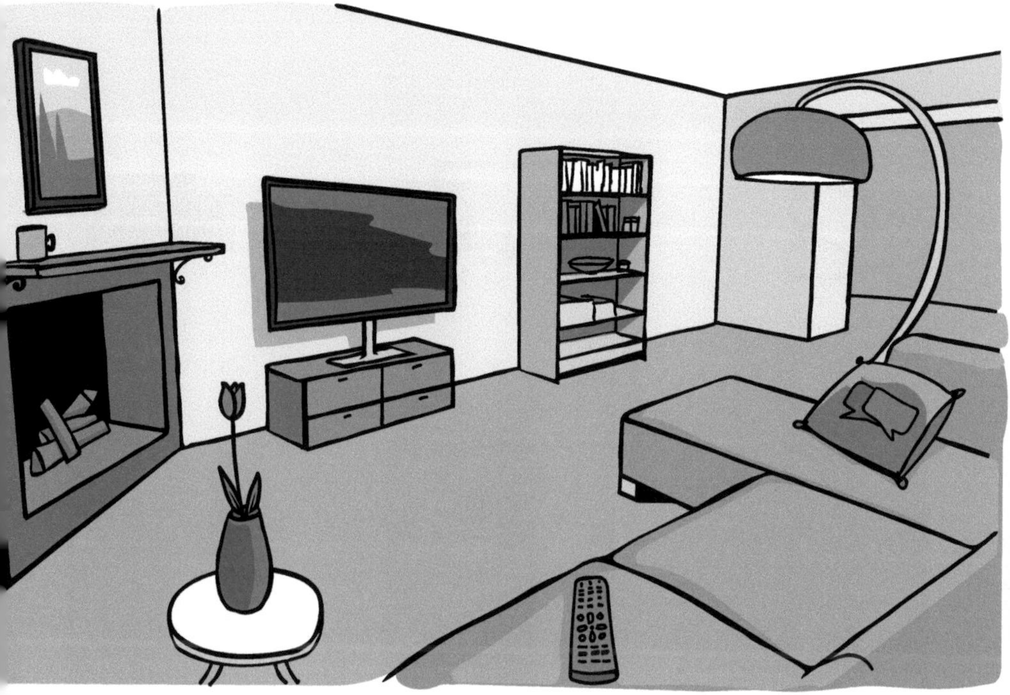

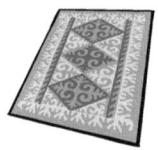

carpet

khapete

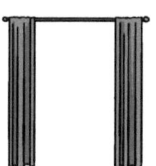

curtain

khethenisi

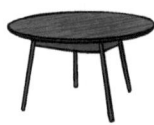

table

tafula

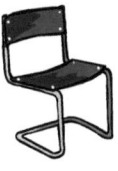

chair

xitulu

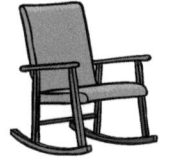

rocking chair

xitulu xo mbuwetela

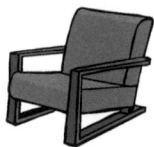

armchair

xitulu xo tlhandleka mavoko

book
buku

blanket
nkumba

decoration
nkhaviso

firewood
tihunyi

film
filimi

hi-fi equipment
muchini wa hi-fi

key
xinotlelo

newspaper
phepha-hungu

painting
xifaniso lexi vatliweke

poster
bodo ya xifaniso

radio
xiya-ni-moya

notepad
buku yo tsala tinhla

hoover
hoover

cactus
xiluva xa cactus

candle
khandlela

kitchen
khishini

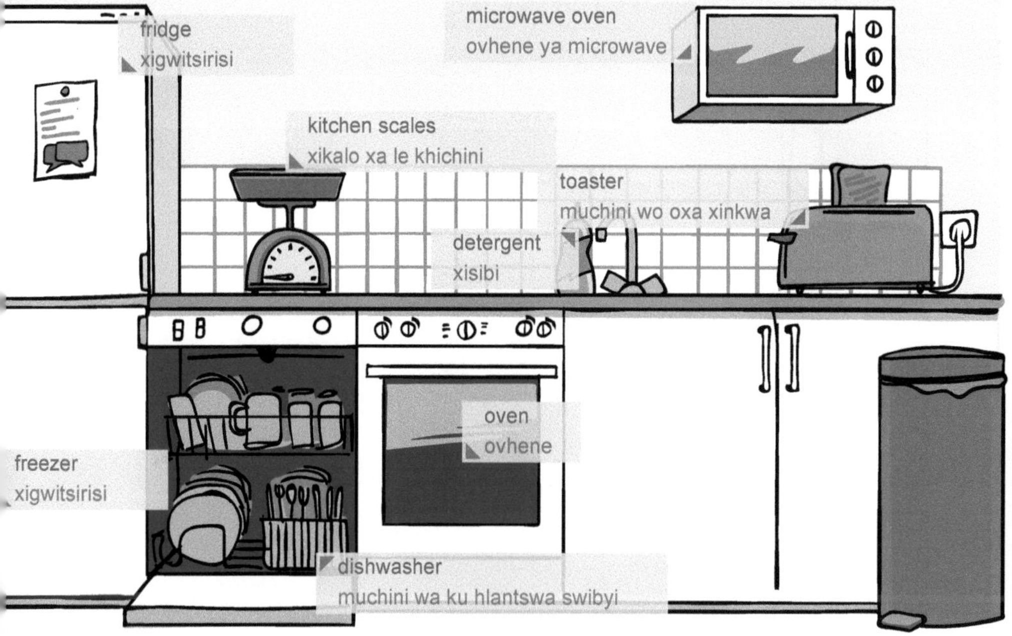

fridge
xigwitsirisi
microwave oven
ovhene ya microwave
kitchen scales
xikalo xa le khichini
toaster
muchini wo oxa xinkwa
detergent
xisibi
oven
ovhene
freezer
xigwitsirisi
dishwasher
muchini wa ku hlantswa swibyi

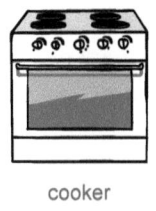

cooker

mosweki

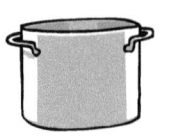

pot

poto

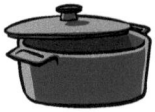

cast-iron pot

poto ra nsimbi

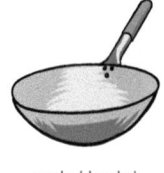

wok / kadai

bita yo swekela / kadai

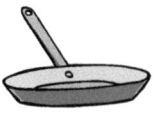

pan

pani

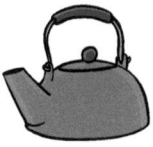

kettle

ketlele

steamer

xo sweka hi nkahelo

baking tray

thireyi ya ku baka

crockery

swibya

mug

xikomichana

bowl

ximbitana

chopsticks

ti-chopstick

ladle

xipunu

spatula

spatula

whisk

muchini wo hlanganisa

strainer

sefo

sieve

xisefo

grater

xilo xo tsemelela

mortar

xibye

barbecue

nyama yo oshiwa

open fire

ndzilo

chopping board

bodo ya ku tsemelela

rolling pin

mhandzi yo andlala fulawa

corkscrew

xo pfula mabodlhela

can

thini

can opener

xo pfula mathini

pot holder

xo khoma poto

sink

zinki

brush

buracha

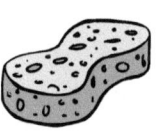

sponge

xiponci

blender

xilo lexi hlanganiselaka

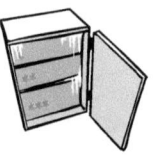

deep freezer

xigwitsirisi

baby bottle

bodlhela ra n'wana

tap

pompi

bathroom

kamara yo hlambela

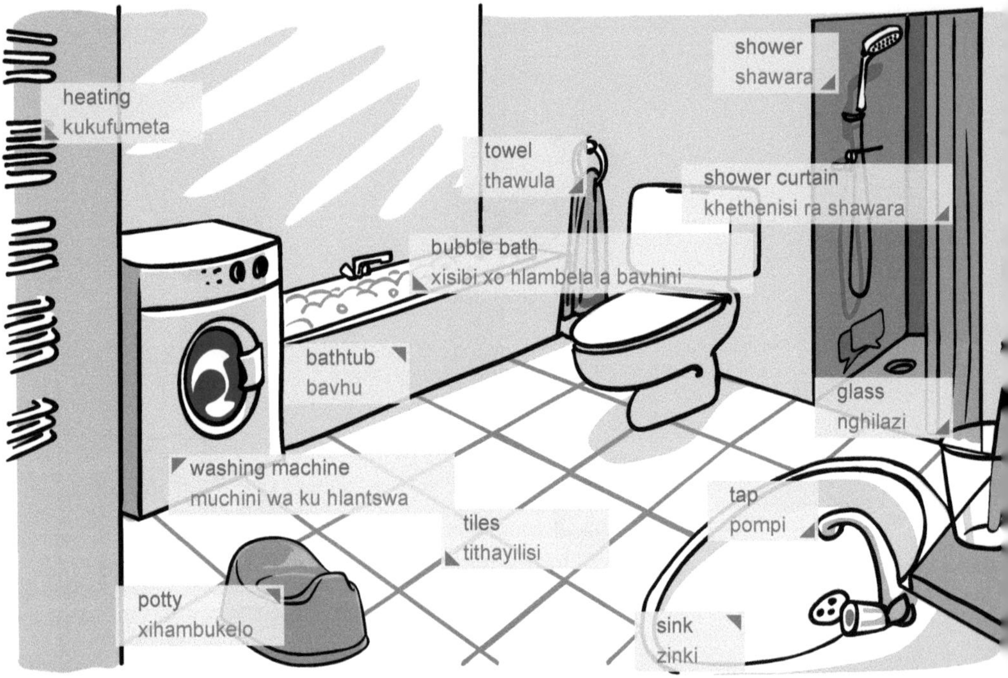
heating
kukufumeta
towel
thawula
shower
shawara
shower curtain
khethenisi ra shawara
bubble bath
xisibi xo hlambela a bavhini
bathtub
bavhu
glass
nghilazi
washing machine
muchini wa ku hlantswa
tap
pompi
tiles
tithayilisi
potty
xihambukelo
sink
zinki

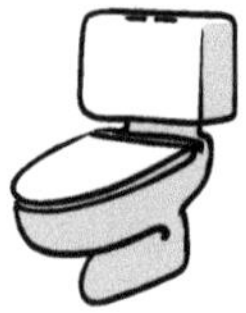

toilet

xihambukelo

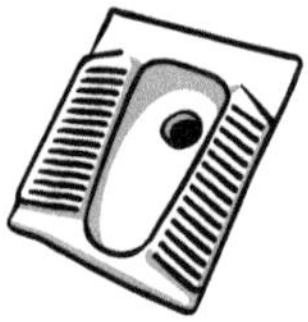

squat toilet

xihambukelo

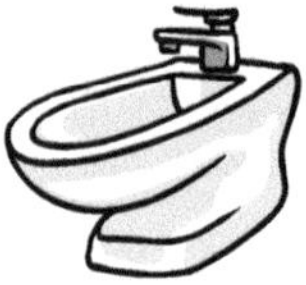

bidet

bidet

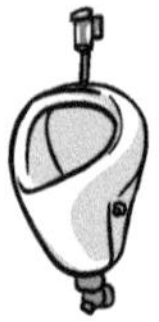

urinal

ndhawu yo tsakamisela

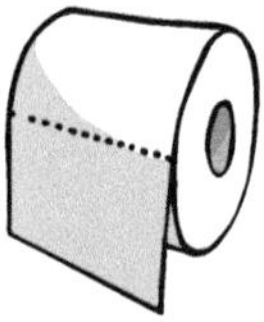

toilet paper

papila ra xihambukelo

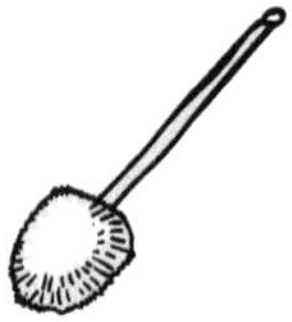

toilet brush

burachi bya xihambukelo

toothbrush

burachi bya meno

toothpaste

xisibi xa meno

dental floss

xo basisa exikarhi ka meno

wash

hlamba

handheld shower

xawara yo khomiwa hivoko

douche

douche

basin

xihlambelo

back brush

buracha ra nhlana

soap

xisibi

shower gel

xisibi xa xawara

shampoo

shampoo

flannel

swilapana

drain

xinambyana

cream

rivomba

deodorant

xinhuherisi

mirror

xivoni

hand mirror

xivoni xo khomiwa hivoko

razor

rikarhi

shaving foam

xisibi so susa malevu

aftershave

mafurha ya kutola loku u
heta ku tsemeta malevu

comb

kama

brush

buracha

hair dryer

muchini wo omisa mosisi

hairspray

mafurha yo tola mosisi

makeup

xo tisasekisa

lipstick

xotota nomo

nail varnish

xo tota minwala

cotton wool

kotoni

nail scissors

xo tsema minwala

perfume

xinhuherisi

washbag

nkwama wa le
xihambukelweni

stool

nchuluko

weighing scale

xikalo

bathrobe

nguvu yo hlamba

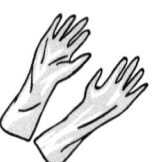

rubber gloves

tiglovhu ta raba

tampon

tampon

sanitary towel

thawula ra ku basisa

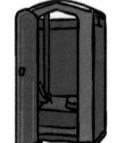

chemical toilet

xihambukelo xa le handle

child's room

kamana ya vana

alarm clock
alamu ya wachi
cuddly toy
xo tlanga sa ku etlela
toy car
movha ya ku tlangisa
rattle
xokocokoco
doll's house
yindlu ya swipopana
present
nyiko

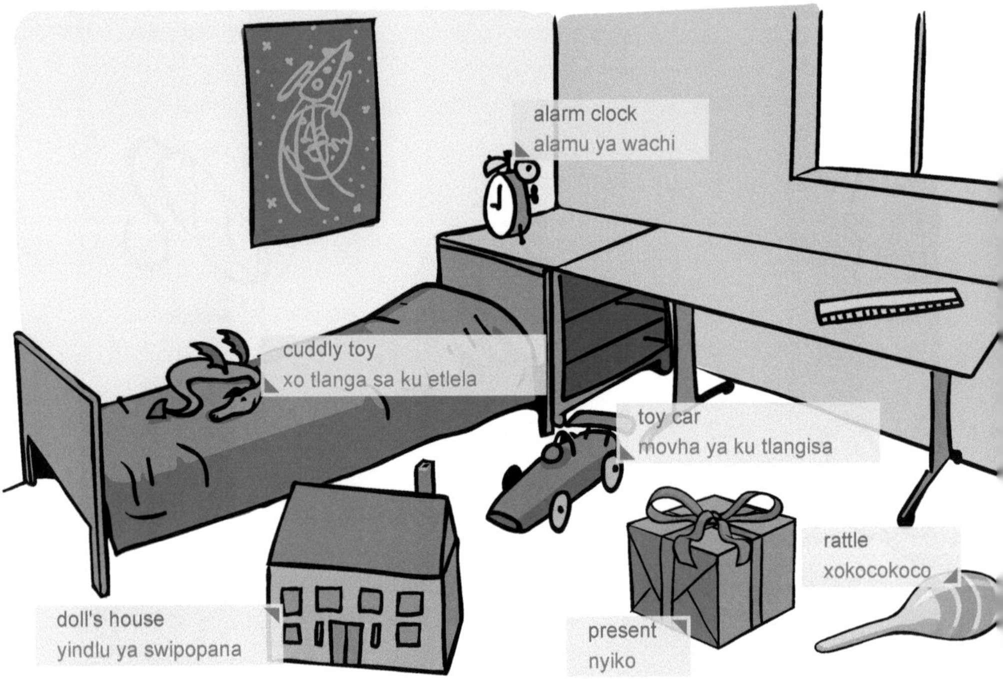

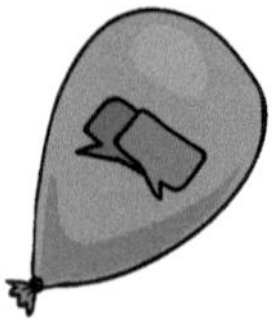

balloon

baluni

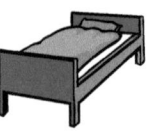

bed

mubedo

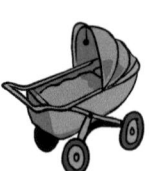

pram

pureme

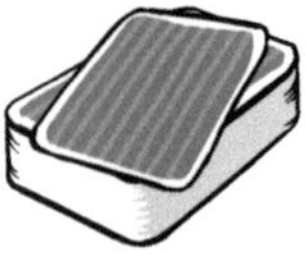

deck of cards

makhadi

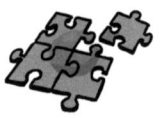

jigsaw

jigsaw

comic

khomiki

lego bricks

switina swa lego

building blocks

swiaki

action figure

xo tlanga xa vana

babygrow

swiambalo swa nwana

frisbee

Frisbee

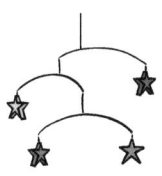

mobile

mobile

board game

ntlango wa le bodweni

dice

dayisi

model train set

xitimela xo tlanga

dummy

xo tlangisa vana

party

nkhuvo

picture book

buku ya swifaniso

ball

bolo

doll

xipopana

play

tlanga

sandpit

khele ra sava

swing

muchinginya

toys

swilo swo tlangisa

video game console

mintlango ya vhidiyo

tricycle

xithuthuthu xa mivhilwa manharhu

teddy bear

tibere to tlangisa

wardrobe

wadirobo

clothing
swiambalo

socks

masokisi

stockings

masokisi

tights

buruku byo tlimba

scarf
xikhafu

umbrella
ambulele

belt
bandhi

t-shirt
xikipa

trainers
tintangu to tsutsuma

boots
tintangu

slippers
maphashana

sandals
maphashana

shoes
tintangu

rubber boots
majombo ya raba

underpants
maburuko ya le ndzeni

bra
bodi

vest
xikipa xa le ndzeni

clothing - swiambalo

body
....
miri

trousers
....
maburuko

jeans
....
bokati

skirt
....
xiketi

blouse
....
bulawusi

shirt
....
hembe

pullover
....
jesi

hoodie
....
jazi ro fingeneta nhloko

blazer
....
buleyizara

jacket
....
baji

coat
....
nghuvo

raincoat
....
jazi rampfula

costume
....
swiambalo

dress
....
swiambalo

wedding dress
....
rhoko ya mucato

suit

sudu

nightgown

xiambalo xo etlela

pyjamas

swi ambalo swo etlela

sari

sari

headscarf

xikhafu

turban

duku

burqa

burqa

kaftan

swi ambalo

abaya

abaya

swimsuit

wiambalo swo hlambela

trunks

maburuko ya le ndzeni

shorts

buruku ro koma

tracksuit

tracksuit

apron

fasikoti

gloves

maglilavhu

button
....
kunupu

glasses
....
manghilazi ya mahlo

bracelet
....
sindza

necklace
....
vuhlalu

ring
....
xingwaxila

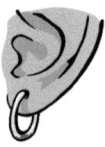

earring
....
vo sasekisa tindleve

cap
....
kepisi

coat hanger
....
hangara ya nghuvo

hat
....
xigqoko

tie
....
thayi

zip
....
zipi

helmet
....
xihuku

braces
....
minxongotelo

school uniform
....
swiambalo swa xikolo

uniform
....
yunifomo

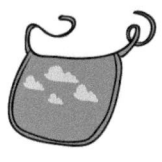

bib

bibi

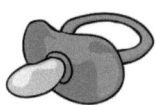

dummy

xo tlangisa vana

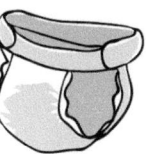

nappy

leyiri

office

hofisi

server
server
filing cabinet
khabodo yo beka tifayili
printer
muchini wa ku kandziyisa
paper
papila
monitor
xikirini
mouse
mouse
desk
tafola
folder
xilo xo veka swiphephana
keyboard
keyboard
chair
xitulo
waste-paper basket
xikotela xo lahla maphepha
computer
khompyuta

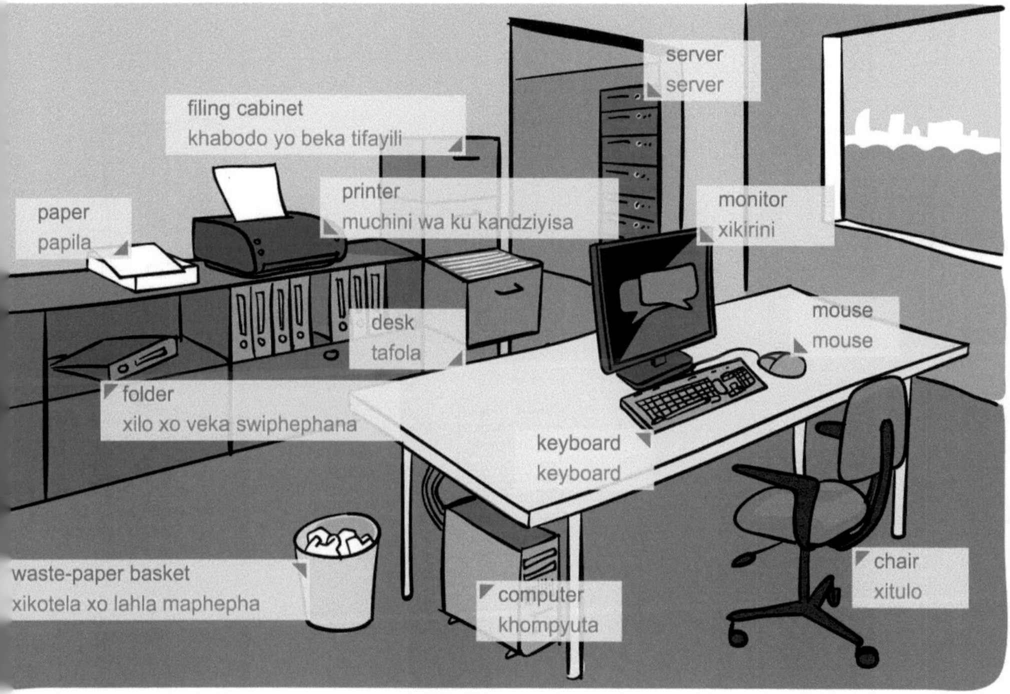

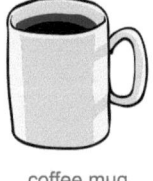

coffee mug

bikiri ra kofi

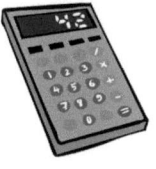

calculator

muchini wo hlaya

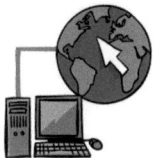

internet

internet

laptop	letter	message
laptop	papila	rungula

mobile	network	photocopier
foni	network	muchini wo endla tikopi

software	telephone	plug socket
progreme ya khompyuta	riqingho	pulagi ya gezi
	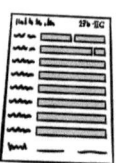	
fax machine	form	document
muchini wo rhumela rungula	fomo	papila

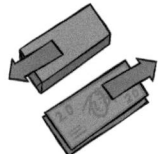

buy

xava

pay

hakela

trade

xavisa

money

mali

 USD

dollar

dolara

 EUR

euro

euro

 JPY

yen

yen

 RUB

rouble

rouble

 CHF

Swiss franc

Swiss franc

 CNY

renminbi yuan

renminb yuan

 INR

rupee

rupee

cashpoint

muchini wa mali

bureau de change

ndhawu yo cinca mali

gold

nsuku

silver

silivhere

oil

mafurha

energy

matimba

price

hakelo

contract

ntwanano

tax

xibalo

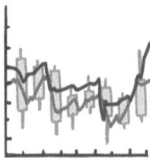

stock

nundzu ya timali

work

tirha

employee

mutirhi

employer

mothorhi

factory

fektri

shop

xitolo

economy - ikhonomi

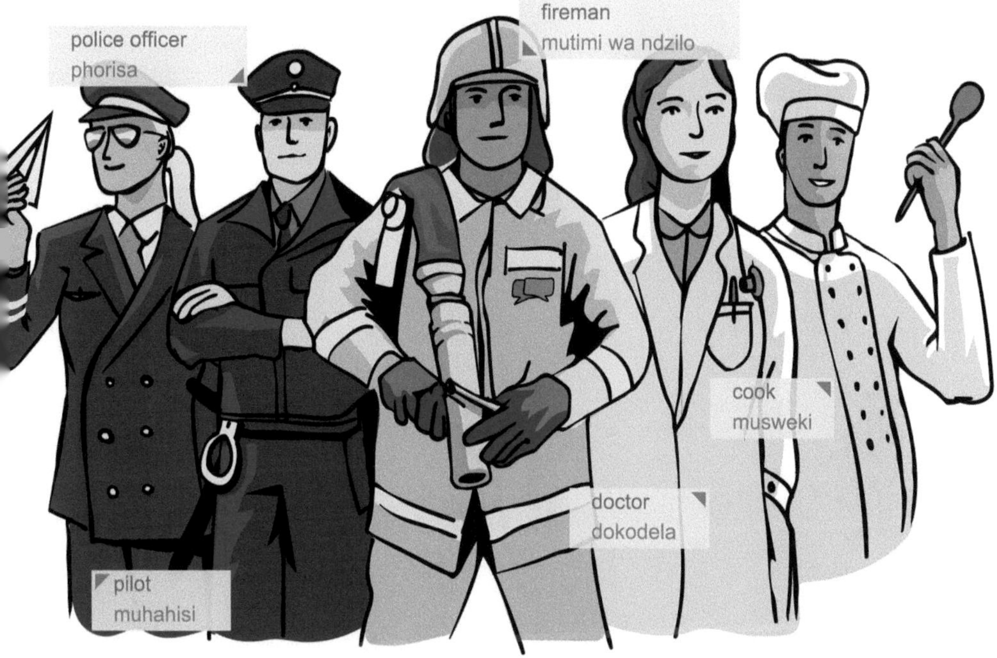

police officer
phorisa

fireman
mutimi wa ndzilo

cook
musweki

doctor
dokodela

pilot
muhahisi

gardener	carpenter	seamstress
muhlayi wa ntanga	muvatli	murungi

judge	chemist	actor
muavanyisi	xitshunguri	mutlangi

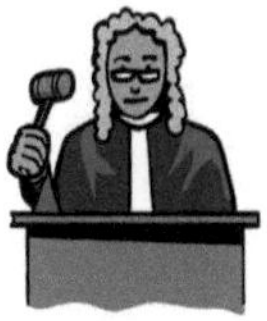

bus driver

muchaeri wa tibazi

taxi driver

muchayeri wa thekisi

fisherman

muphasi wa tinhlampfi

cleaning lady

wansati wa ku basisa

roofer

mufuleri

waiter

muphameri

hunter

muhloti

painter

mupendi

baker

mubaki

electrician

mutivi wagezi

builder

muaki

engineer

munjiniyara

butcher

muxavisi wa nyama

plumber

muplambara

postman

muheleketi wa poso

soldier

socha

architect

mumpfampfarhuti

cashier

muamukeli wa timali

florist

muxavisi wa swiluva

hairdresser

mululamisi wa misisi

conductor

mufambisi

mechanic

unhu wo lungisa timovha

captain

mulawuri

dentist

dokotela wa matinho

scientist

mutivi wa sayensi

rabbi

mufundisi

imam

murhangeri

monk

nghwendza

clergyman

mfundisi

tools
switirhisiwa

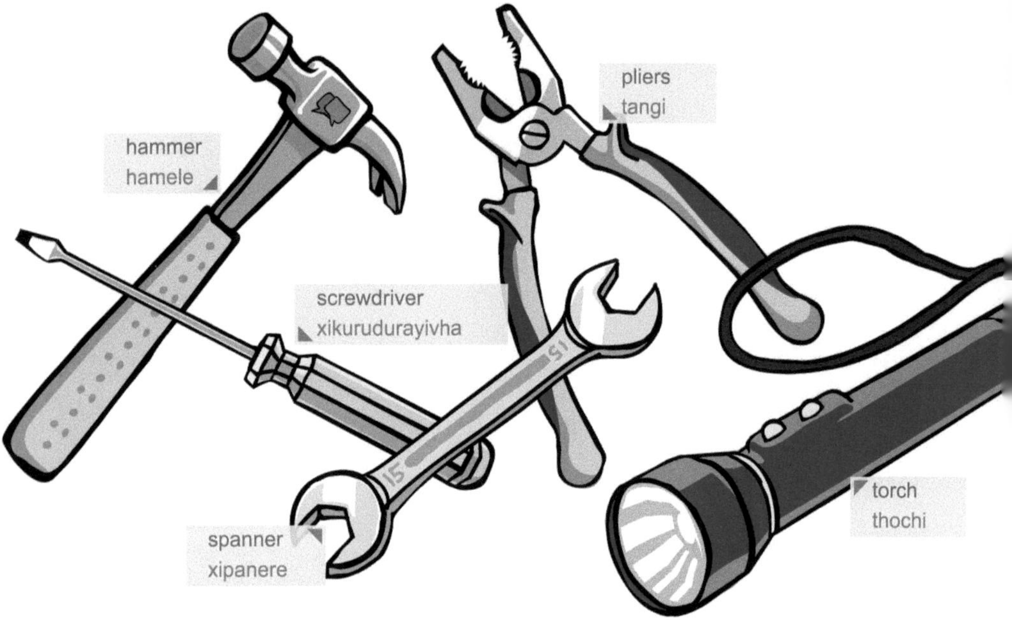

hammer
hamele
pliers
tangi
screwdriver
xikurudurayivha
spanner
xipanere
torch
thochi

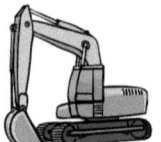

digger

muchini wo cela

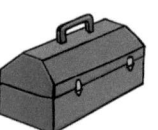

toolbox

bokisi ra switirhisiwa

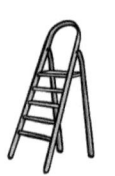

ladder

xitepisi

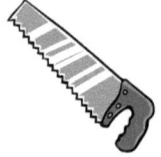

saw

saha

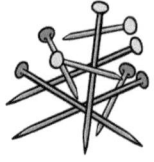

nails

swipikiri

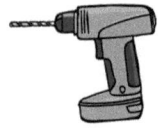

drill

muchini wo boxa

repair
....
lunghisa

shovel
....
foxolo

Damn!
....
Thyaka!

dustpan
....
nchumu wo susa ritshuri

paint pot
....
mbita ya pende

screws
....
bawuti

loudspeaker
xikurisa-mpfumawulo

drum kit
swigubu

guitar
katara

double bass
double bass

trumpet
mhalamhala

piano

piyano

violin

violin

bass

bass

timpani

timpani

drums

xigubu

keyboard

keyboard

saxophone

saxophone

flute

xitiringo

microphone

xikurisa-marito

zoo

ntanga wa swiharhi

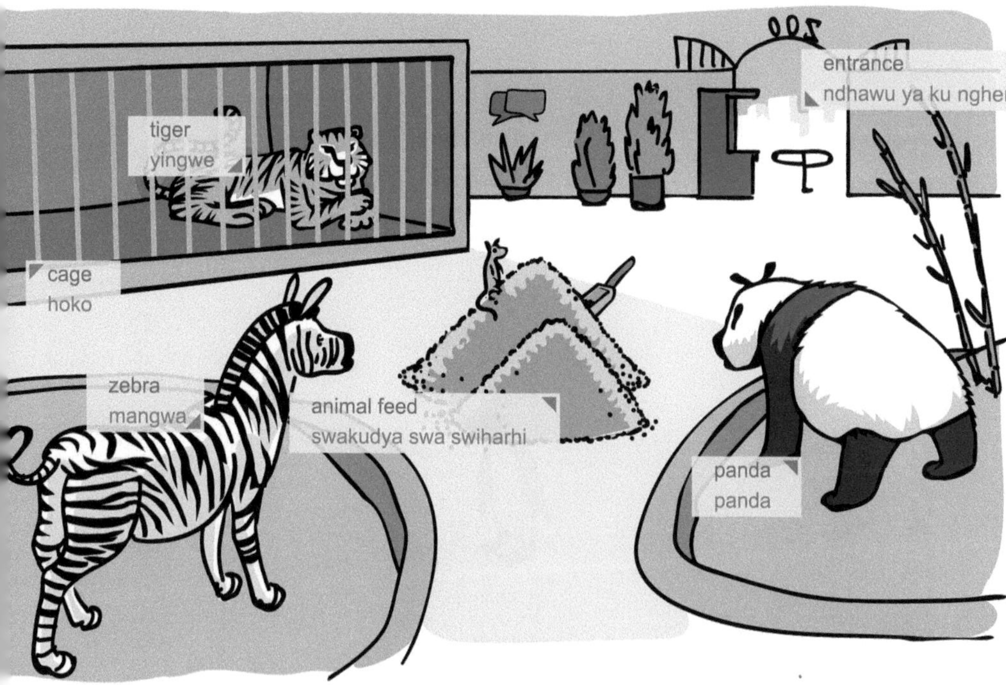
entrance
ndhawu ya ku nghen
tiger
yingwe
cage
hoko
zebra
mangwa
animal feed
swakudya swa swiharhi
panda
panda

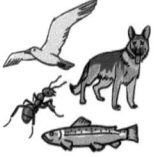

animals

swiharhi

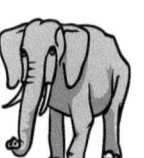

elephant

ndlopfu

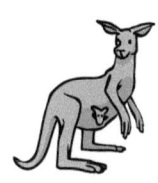

kangaroo

xinjhenghwe

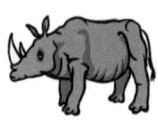

rhino

mhelembe

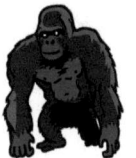

gorilla

gorila

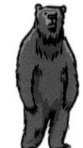

bear

bere

camel

kamela

ostrich

yintsha

lion

nghala

monkey

nkawu

flamingo

flamingo

parrot

hokwe

polar bear

bere

penguin

penguin

shark

shaka

peacock

hanti

snake

nyoka

crocodile

ngwenya

zookeeper

muhlayisi wa mintanga ya
swiharhi

seal

seal

jaguar

jaguar

pony

hanci

leopard

yingwe

hippo

mpfuvu

giraffe

nhutlwa

eagle

gama

boar

ngluve ya nhova

fish

hlampfi

turtle

mfutsu

walrus

nyimpfu ya le lwandle

fox

mhungubye

gazelle

mhala

American football
bolo ya le Amerika

cycling
kufamba hi xi kanyakanya

tennis
tennis

basketball
basketball

swimming
kuhlambela

ice hockey
khororo ya le ayisini

boxing
ntlango wa ku bana

football
bolo

badminton
badminton

athletics
mintlango

handball
bolo ya mavoko

skiing
kureta e gambokweni

polo
polo

laugh
hleka

jump
tlula

hug
angara

walk
famba

sing
yimbelela

dream
lora

pray
khongela

kiss
ntswontswa

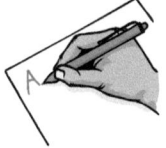

write
tsala

draw
dirowa

show
komba

push
dlidlimeta

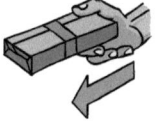

give
nyika

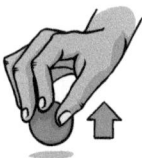

take
teka

have
....
yi va

do
....
endla

be
....
ku va

stand
....
yima

run
....
tsutsuma

pull
....
koka

throw
....
lahlela

fall
....
wana

lie
....
hemba

wait
....
rindza

carry
....
rhwala

sit
....
tshama

get dressed
....
ambala

sleep
....
tlela

wake up
....
pfuka

look at

languta

cry

rila

stroke

bana

comb

kama

talk

vulavula

understand

twisisa

ask

vutisa

listen

yingisa

drink

nwana

eat

dyana

tidy up

basisa

love

randza

cook

sweka

drive

chayela

fly

haha

sail

tluta

calculate

hlaya

read

hlaya

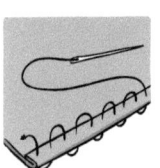

learn

hlaya

work

tirha

marry

teka

sew

rhunga

brush teeth

kuhlamba meno

kill

dlaya

smoke

dzaha

send

rhumela

mother
na wa xisati

grandfather
kokwana wa xinuna

father
tatana

mother
mana

baby
nwana

daughter
n'wana wa nwanyana

son
n'wana wa mfana

guest

muendzi

aunt

hahani

uncle

malume

brother

makwerhu

sister

makwrhu

body

miri

forehead
mombo
eye
tihlo
shoulder
katla
finger
ritiho
face
xikandza
chin
xilebvu
hand
voko
leg
nenge
breast
bele
arm
voko

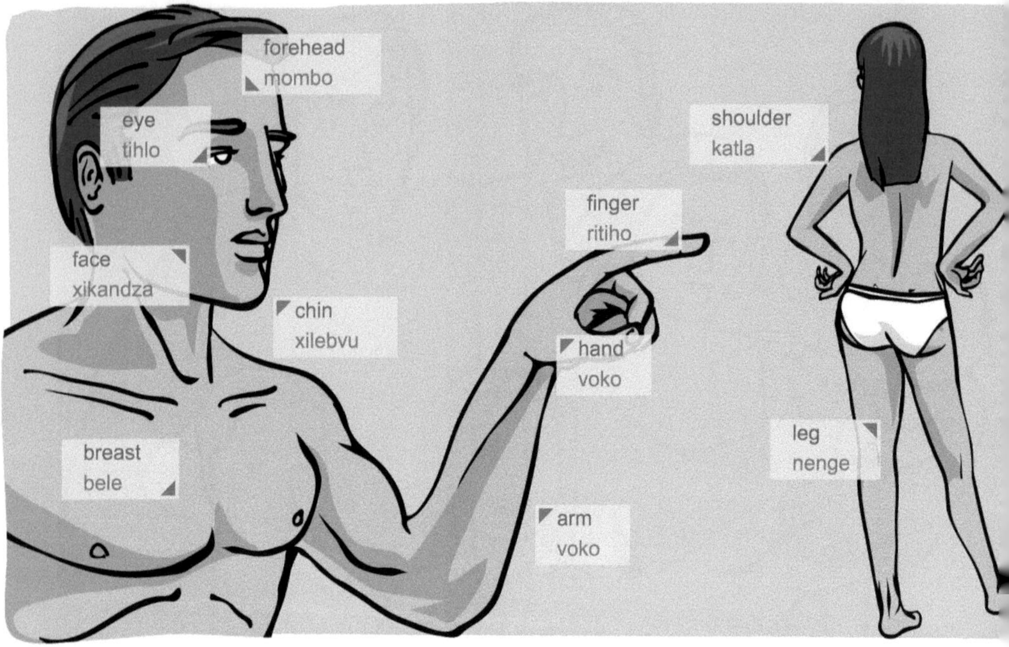

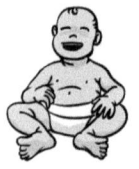

baby

nwana

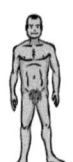

man

n'wanuna

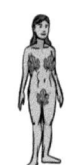

woman

nw'ansati

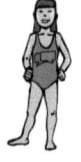

girl

nhwanyana

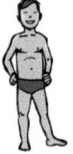

boy

mfana

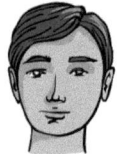

head

nhloko

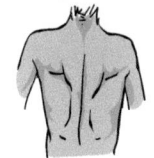	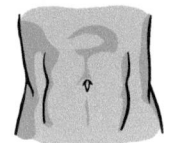	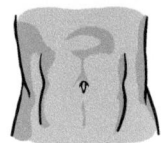
back	**belly**	**belly button**
nhlana	khwiri	nkava
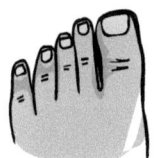	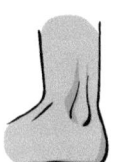	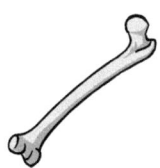
toe	**heel**	**bone**
xikunwani	xirhenze	rhambu
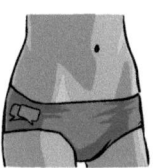	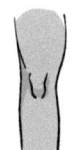	
hip	**knee**	**elbow**
nyonga	tsolo	xikokola
		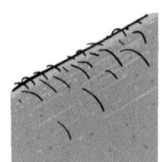
nose	**bottom**	**skin**
nompfu	xisuti	nhlonge
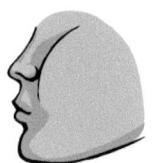	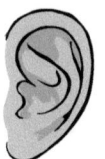	
cheek	**ear**	**lip**
rhama	ndlebe	nomu

body - miri

mouth

nomu

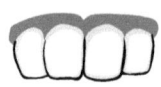

tooth

tinyo

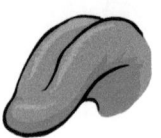

tongue

ririmi

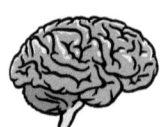

brain

byongo

heart

mbilu

muscle

nsiha

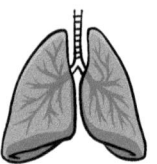

lung

hahu

liver

vixindzi

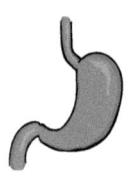

stomach

khwiri

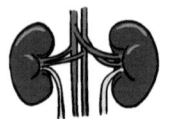

kidneys

tinso

sex

masangu

condom

khondomu

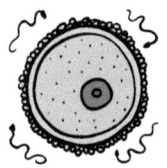

ovum

tandza

semen

mbewu ya vununa

pregnancy

nyimba

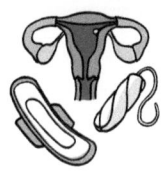

menstruation

kuya enkarhini

vagina

muhocho

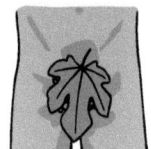

penis

xiluma

eyebrow

tinxiyi

hair

misisi

neck

nhamu

hospital
xibedlhele

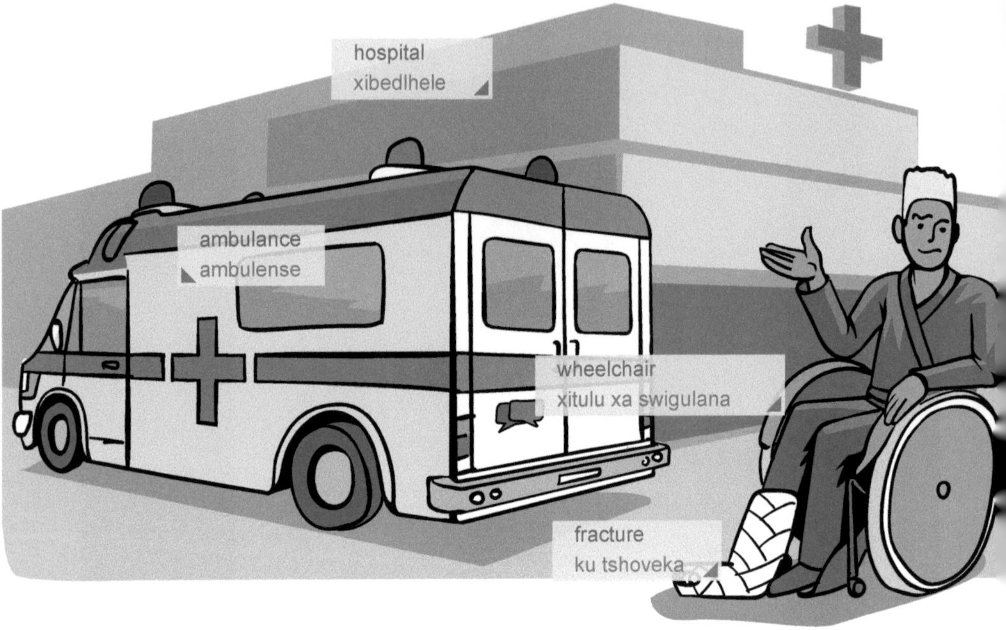

hospital
xibedlhele
ambulance
ambulense
wheelchair
xitulu xa swigulana
fracture
ku tshoveka

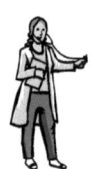

doctor

dokodela

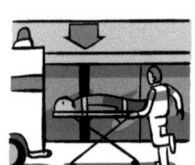

emergency room

kamara ra xilamulela-mhango

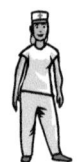

nurse

muongori

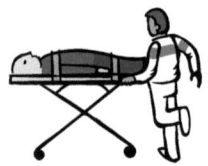

emergency

xihatla

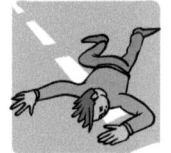

unconscious

ku titivala

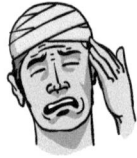

pain

kuvava

injury

ku vaviseka

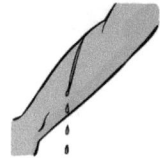

bleeding

mpfempfa ngati

heart attack

ku hlaseriwa himbilu

stroke

ku oma swirho

allergy

rinyenyo

cough

khohlola

fever

xifumbu

flu

mukhuhlwana

diarrhoea

nchuluko

headache

ku pandza ka nhloko

cancer

khensa

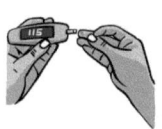

diabetes

chukela

surgeon

dokodela

scalpel

mukwana

operation

vuhandzuri

CT

CT

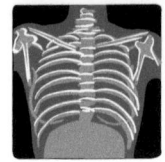

x-ray

x-rheyi

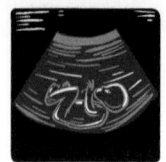

ultrasound

muchini wo yingisela
ntshuka-ntshuko

face mask

xo tipfala tinhomfu

disease

vuvabyi

waiting room

kamara ro rindza

crutch

nhonga

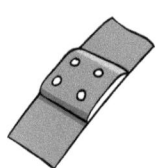

plaster

semendhe

bandage

bandhichi

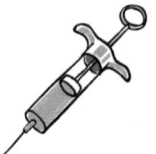

injection

neleta

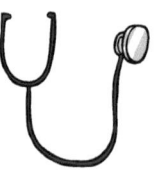

stethoscope

muchini wa madokodela wa
ku yingisa

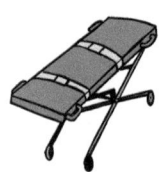

stretcher

rihlaka

clinical thermometer

xipima-mahiselo

birth

ku veleka

overweight

ku nyuhela

hearing aid

swipfuneta-ku-twa

disinfectant

khemikhale yo dlaya
switsongwatsongwana

infection

switsongwatsongwana

virus

xitsongwatsongwana

HIV / AIDS

HIV / AIDS

medicine

miri

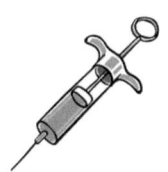

vaccination

nayiti

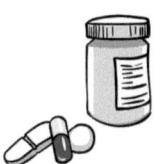

tablets

maphilisi

pill

pilisi

emergency call

riqingho ra xihatla

blood pressure monitor

muchini wo kamba
nsusumeto wa ngati

ill / healthy

vabya / hanya

Help!

Pfunani!

alarm

bele

assault

ku hlaseriwa

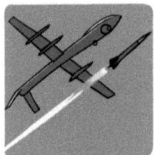

attack

hlasela

danger

khombo

emergency exit

nyangwa wo huma loko ku ri ni mhango

Fire!

Ndzilo!

fire extinguisher

xo tima ndzilo

accident

mhangu

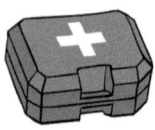

first-aid kit

bokisi ra xilamulela-mhango

SOS

SOS

police

phorisa

Europe

Yuropa

North America

Amerika N'walungu

South America

Amerika Dzonga

Africa

Afrika

Asia

Asia

Australia

Australia

Atlantic

Atlantic

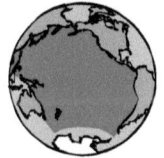

Pacific

Pacific

Indian Ocean

Lwandle-nkulu ra Indiya

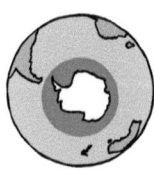

Antarctic Ocean

wandle-nkulu ra Antarctic

Arctic Ocean

Lwandle-nkulu ra Arctic

North Pole

North Pole

South Pole

South Pole

Antarctica

Antarctica

Earth

Misava

land

tiko

sea

lwandle

island

xihlala

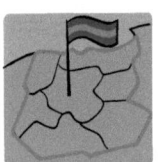

nation

rixaka

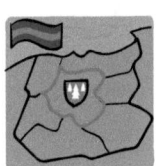

state

tiko

clock face

xikomba nkarhi

hour hand

xikomba-tiawara

minute hand

xikomba-timineti

second hand

xikomba-tisekoni

What time is it?

I nkarhi muni?

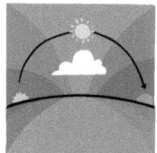

day

siku

time

nkarhi

now

sweswi

digital watch

wachi leyi tshavatelaka

minute

minete

hour

awara

week

viki

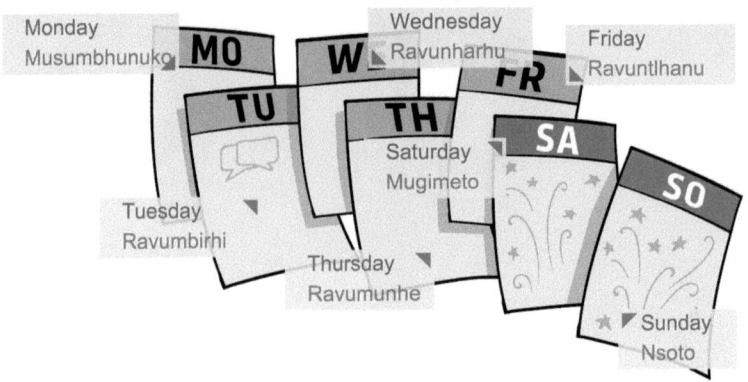

Monday Musumbhunuku
Tuesday Ravumbirhi
Wednesday Ravunharhu
Thursday Ravumunhe
Friday Ravuntlhanu
Saturday Mugimeto
Sunday Nsoto

yesterday

tolo

today

namuntlha

tomorrow

mundzuku

morning

mixo

noon

nhlekani

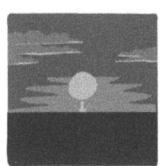

evening

madyambu

MO	TU	WE	TH	FR	SA	SU
1	2	3	4	5	6	7
8	9	10	11	12	13	14
15	16	17	18	19	20	21
22	23	24	25	26	27	28
29	30	31	1	2	3	4

business days

masiku ya ntirho

MO	TU	WE	TH	FR	SA	SU
1	2	3	4	5	6	7
8	9	10	11	12	13	14
15	16	17	18	19	20	21
22	23	24	25	26	27	28
29	30	31	1	2	3	4

weekend

mahelo vhiki

year
lembe

rain
mfpula
spring
xumun'wana
summer
ximumu
wind
moya
autumn
xixikana
snow
gamboko
winter
xixika

4.APRIL 11°
5.APRIL 4°
6.APRIL 13°
7.APRIL 8°
8.APRIL 10°

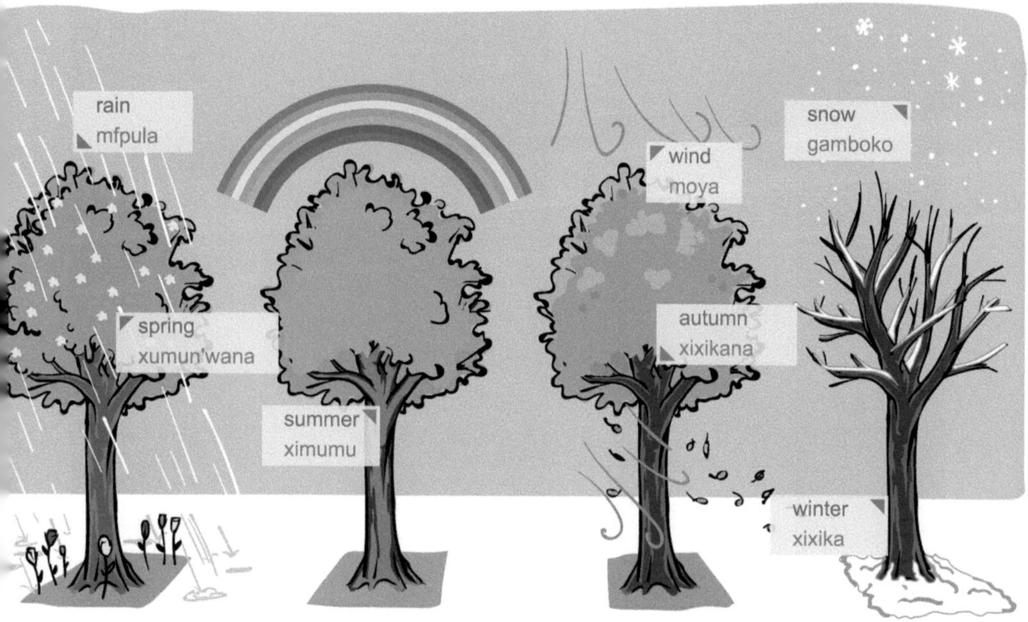

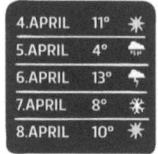

weather forecast

vumbha tamaxelo

F C
120 40
90 30
60 20
30 10
0 0
-30 -10
-20

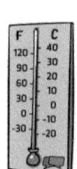

thermometer

xipima-mahiselo

sunshine

dyambu

cloud

papa

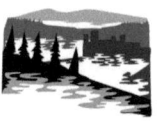

fog

hunguva

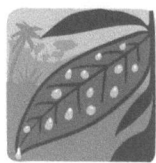

humidity

kutsakama

lightning

rihati

thunder

dzindza-tilo

storm

xidzedze

hail

xihangu

monsoon

mpfula

flood

ndhambi

ice

ayisi

January

Sunguti

February

Nyenyenyana

March

Nyenyankulu

April

Dzivamusoko

May

Mudyaxihi

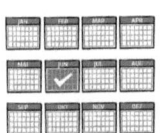

June

Khotavuxika

July

Mawuwani

August

Mhawuri

year - lembe

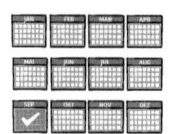

September
....
Ndzhati

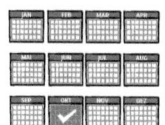

October
....
Nhlangula

November
....
Hukuri

December
....
N'wendzamhala

shapes
swivumbeko

circle
....
xirendzevutana

square
....
xikwere

rectangle
....
matlhelo ya mune

triangle
....
xivunguvungu xa tintlha
tinharhu

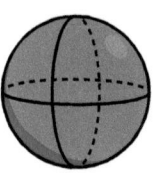

sphere
....
bolo

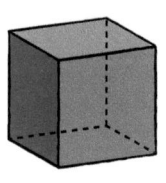

cube
....
cube

mevala

white
....
basa

yellow
....
xitshopana

orange
....
lamula

pink
....
tshwukanyana

red
....
tshwuka

purple
....
xigunguvungu

blue
....
wasi

green
....
rihlaza

brown
....
buraweni

grey
....
mpunga

black
....
ntima

a lot / a little

swo tala / swi tsongo

angry / calm

hlundzukile / rhurile

beautiful / ugly

sasekile / bihile

beginning / end

masungulo / makumo

big / small

kulu / tsongo

bright / dark

vangama / munyama

brother / sister

buti / sesi

clean / dirty

basile / chakile

complete / incomplete

helerile / helelangiki

day / night

siku / vusiku

dead / alive

file / hanyaka

wide / narrow

pfulekile / pfalekile

edible / inedible

swa dyiwa / a swi dyiwi

evil / kind

homboloka / lunghile

excited / bored

tsakile / phirekile

fat / thin

nyuhela / lala

first / last

masungulo / makumo

friend / enemy

mungana / nala

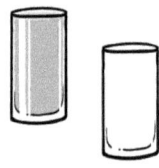

full / empty

tele / hava

hard / soft

tiyile / olova

heavy / light

tika / vevuka

hunger / thirst

ndlala / torha

ill / healthy

vabya / hanya

illegal / legal

swi ngariki enawini / enawini

intelligent / stupid

tlharihile / xiphukuphuku

left / right

ximati / xinene

near / far

akusuhi / kule

new / used

yintshwa / tirhisiwile

nothing / something

hava / xin'wana

old / young

dyuharile / muntshwa

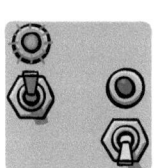

on / off

xarirha / xitimile

open / closed

pfurile / pfariwile

quiet / loud

myerile / huwa

rich / poor

fuwile / xisiwana

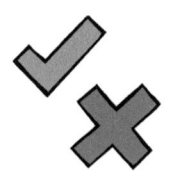

right / wrong

swinene / bihile

rough / smooth

khwasha / reta

sad / happy

vaviseka / tsaka

short / long

koma / leha

slow / fast

hlwela / hatlisa

wet / dry

tsakama / oma

warm / cool

kufumela / titimela

war / peace

nyimpi / kurhula

numbers

nomboro

0

zero

noto

1

one

n'we

2

two

mbirhi

3

three

nharhu

4

four

mune

5

five

ntlhanu

6

six

ntsevu

7

seven

nkombo

8

eight

nhungu

9

nine

nkaye

10

ten

khume

11

eleven

khume n'we

12
twelve
khume mbirhi

13
thirteen
khume nharhu

14
fourteen
khume mune

15
fifteen
khume ntlhanu

16
sixteen
khume ntsevu

17
seventeen
khumbe nkombo

18
eighteen
khume nhungu

19
nineteen
khume nkaye

20
twenty
makhume mambirhi

100
hundred
dzana

1.000
thousand
gidi

1.000.000
million
gidi ya magidi

English

Xinghezi

American English

Xinghezi xa Amerika

Chinese Mandarin

Xichayina xa Mandarin

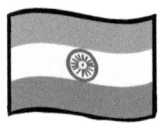

Hindi

Xihindi

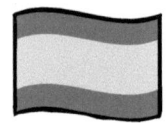

Spanish

Xipaniya

French

Xifurwa

Arabic

Xiarabu

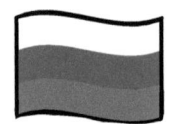

Russian

Xirhaxiya

Portuguese

Xiputukezi

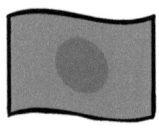

Bengali

Xibengali

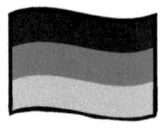

German

Xijarimani

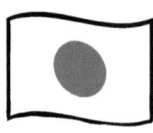

Japanese

Xijapani

I
mina

you
wena

he / she / it
yena / yena / xona

we
hina

you
n'wina

they
vona

who?
mani?

what?
yini?

how?
njhani?

where?
kwihi?

when?
rhini?

name
vito

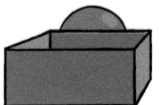

behind

endzaku

in

ahehla

in front of

emahlweni a

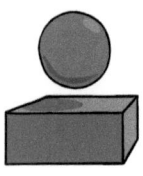

over

ahenhla ka

on

eka

under

ehansi

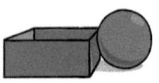

beside

handle ka

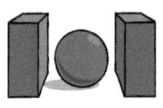

between

exikarhi ka

place

ndhawu